完全敗家女
一權證新鮮人
(股票升級班)

四兩賺千金
最省力投資法

出版源起

妳不肯乖乖在職場上工作，

老想著出國讀書、旅行--知識敗家女。

妳不肯照抄去年的舊衫，

非得跟流行重新搭配一番--時尚家女。

妳不肯跟媽媽一樣，

永遠把錢擺在所謂最安全的地方--理財敗家女

妳不肯總是為錢工作，

妳想做做自己想做的事 —— 生涯敗家女。

這是我們對「敗家女」的解釋--

而我們出版「完全敗家女系列」，

正想透過一冊冊的工具書，

便利這一群21世紀的女生們，

從最基礎易懂的方式，思考並具體的行動起來

跨入經營自己的新領域。

恆兆文化有限公司

序

學會四兩賺千金的好方法

在開始動手寫這本書的時候，心中千迴百轉。千迴的是，權證是一個比較陌生的領域；百轉的是，權證可能嚇跑讀者。但千迴百轉之後，乍見光明。

對待權證，我們應該就像對待股票、基金或外匯一樣，站在風險分散和願望實現的立場，我們都應該了解權證。

要風險分散——

是因為我們不能只把錢放在一個保險櫃裏，萬一保險櫃飛了；我們也不能只把錢放在一種貨幣裏面，萬一那天我們的匯率貶的一塌糊塗，1,000元新台幣買不起一個漢堡。

股票也是投資的方式之一，而對於沒有8萬、9萬可以買一張漂亮的股票者，用幾分之幾的錢買下那張股票的權利，不也是一種好方法。

讓願望實現—

因為我們並沒有很多錢去投資或理財，但是我們願意學習，也希望因此變個小富婆。認購權證的特色就是從小小的錢開始投資，先擁有股票的所有權，選擇適當的時候賣掉，得到利潤。

用少少的錢—

少少的錢就可以坐享經濟起飛，股價上漲的好處，不用殺進殺出，那就是認購權證。認購權證的特色，就是只要用股票的幾分之幾價錢來購買權證，也同時擁有股票上漲下跌的投資空間。

簡簡單單的交易手續，幾乎跟大家耳熟能詳的股票一樣簡單，那也是認購權證。

總而言之，透過這本書，一定可以讓妳輕輕鬆鬆了解認購權證。

如果你之前已經看過敗家女的「致富手冊」、「股票新鮮人」、「基金新鮮人」、「借錢高手」和「外匯新鮮人」，那很多觀念就真的一氣呵成了！！

最後，作者要說，敗家女們或敗家男們，加油！！。

CONTENTS

LESSON *1*

四兩賺千金
　最省力投資法

——什麼是認購權證

投資權證的優點

——少少的錢，

——少少的風險

——大大享受股價上漲的快感

LESSON *1-1*

敗家女：錢不夠多，
但想投資積優股…

先付少少的權利金，擁有大大的績優股

聰明美麗的敗家女，想要做點投資，但對上市上櫃公司並不是很清楚，只聽過一些名氣大的公司，台積電就是其中之一。台積電是全世界最大的晶圓代工廠、每年獲利又很穩定、董事長張忠謀更是一位真正的企業家，這些是小波唯一知道的。

敗家女總是聽同事說台積電、台積電，因此決定要買台積電的股票，可是一張要9萬多元，敗家女才出國渡假回來，手頭沒有閒錢，可是台積電是個大公司，最近表現很好，事不宜遲，反正敗家女就是覺得台積電上漲的機會很大。可是⋯⋯可是⋯⋯一張股票就是那麼貴，敗家女買不起，如果要去用信用卡借錢又不划算，萬一台積電一直沒有漲，敗家女實在承受不起高達 20%的利息。

敗家女心裏想著，可不可只付一點錢，然後可以買

到台積電上漲的權利？這樣想好了，如果台積電股票漲超過92元的話，則漲超過92元以上的獲利都是自己的，但是如果在一段時間之內，如果台積電都沒有漲的話，甚至跌無可跌地跌到40幾元時，損失的只有當初付的那點錢而已。敗家女心想，到底有沒有這樣的一個「東西」可以買呢？

看完了上面的例子，是不是說中了各位的心坎呢?!其實我們也是好不容易才存了幾萬塊，沒想到連買張能安心的股票都不夠，但是如果有上面敗家女所想的「東西」那是不是就可以解決我們的問題了呢？

別慌別慌，事實上是有這樣的「東西」存在的，那個「東西」的正確名字就叫做──「**認購權證**」。

充電時間

目前認購權證只有「證券商」可以賣，也就是只有證券商才可以發行。

認購權證

　　敗家女想買的東西就叫做「認購權證」，敗家女想付的那一點錢就叫做「權利金」，敗家女支付了權利金之後，就可以在一段時間內(比如說是一年，也就是契約期間)，用每股92元的價格買進一張的台積電。其中92元就是「履約價格」，而一張就是「行使比例」。

　　權證與股票不同處在，權證是有一定的存在期間的，如果在權證的存續期間裏權證一直沒有履約價值，則權證到期之後，這個權利就消失了；可是股票就不一定了，買了之後可以一直放著，除非該公司倒了。

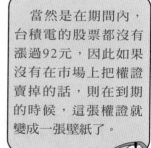

我所買的台積電的權證，到底什麼情況下會沒有價值呢？

當然是在期間內，台積電的股票都沒有漲過92元，因此如果沒有在市場上把權證賣掉的話，則在到期的時候，這張權證就變成一張壁紙了。

memo

LESSON *1-2*

敗家女：
只想用1/4的力氣賺錢
用槓桿原理輕鬆賺大錢

咱們繼續上一章的話題。

敗家女想買的東西就叫做「認購權證」，敗家女想付的那一點錢就叫做「權利金」，敗家女支付了權利金之後，就可以在一段時間內(比如說是一年，也就是契約期間)，用每股92元的價格買進一張的台積電。其中92元就是履約價格，而一張就是行使比例。

經由認購權證這個「東西」大家可以發現，它剛好是符合敗家女需要的，也就是

付一些錢得到台積電上漲的權利。

敗家女付的錢就是為了買到這個權利所付出的價格。而且大家可以發現，這個權利是敗家女花錢買來的，既然是一個權利，代表敗家女可以隨時不要它，但是敗家女是聰明人，在股票跌到92元以下時，敗家女當然不會理這張權證，管它是跌到20還是10元；但如果是

漲的話，那敗家女當然要理直氣壯的來執行這個權利了，就算不理直氣壯地執行權利，也要爽快的在市場上給它賣掉。

　　事實上，認購權證就是用「槓桿原理」在理財投資喔！比方來說好了，假設聯電的股價是51元，權證的價格是13元，行使比例是1，那就是代表權利金比例就是25.49%(別慌，P.19、P.20有計算說明)。這個權利金比例就很像投資人只花了一張聯電價格的25.49%就買到聯電上漲的權利一樣。這不就是槓桿原理嘛！以小小的力量，移動大大的東西。

　　　　　　　　　　　　哈，說到這裏大家
　　　　　　　　　　　有沒有覺得認購權證很

敗家女
小小定義

給權證一個正式的定義：

　　認購權證是一種權利契約，當持有者支付權利金之後，有權利於契約期間內，以約定價格(履約價格)，買進約定數量(行使比例)的標的股票。

有趣呢？證券市場真是一個很好玩的地方，把無形的
「權利」變成實質的東西，還可以在市場買賣喔！

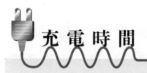
充電時間

　　權證是證期會在86年開放的商品，不過證期會目
前只開放認購權證，並沒有開放認售權證。認售權證
簡單來說，剛好是跟認購權證行為相反的產品，也就
是說：認售權證是一種權利契約，當持有者支付權利
金之後，有權利於契約期間內，以約定價格(履約價
格)，賣出約定數量（行使比例）的標的股票。大家從
這個定義就可以發現，認售權證買的其實是保護股票
下跌風險的權利。如果說到為什麼沒有這個商品的時
候，那可能會牽扯出一些有的沒有的，所以老編給大
家一個簡單的概念，就是買認購權證是希望看到股市
上漲，那買認售權證是不是代表大家對未來的股票市
場看跌呢？「大家」當然都不希望股市跌囉，因此就
不容易有這種商品出現囉！！

權證條款專有名詞解釋之1

　　經由敗家女的例子之後，相信大家已經初步的了解權證是什麼了，而且發現觀念的理解並不難。下面我們將權證一些相關的名詞解釋一下：

標的證券：這個當然就是代表這張權證履約時所代表股票囉。

權利金(Premium)：或可稱為是「權證價格」，也就購買這個權利的價格。

履約價格(Strike or Exercise Price)：即事先約定買進的股價的價格。

行使比例：即一張認購權證可以買進標的股票的張數。大部份認購權證的行使比例之一，也就是如果你買了一張認購權證，則您可以買進的股票張數就是一張。

權利金比例：或可以稱為是溢價比例，也就是用百分比的形式來表示權利金，即

$$\frac{權證價格 \div 行使比例}{標的股價市價}$$

權利金比例的計算—

比方來說好了，假設聯電的股價是51元，權證的價格是13元，行使比例是1，那就是代表權利金比例就是25.49%。這個權利金比例就很像投資人只花了一張聯電價格的25.49%就買到聯電上漲的權利一樣。

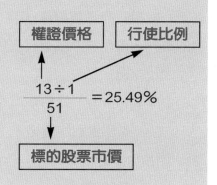

用槓桿原理輕鬆賺錢—

還有另外一個名詞跟這個比例有關係，那就是槓桿倍數。記得小時候的自然科學會提到利用槓桿的效果來把重物舉起來；所以在我們例子中，聯電就很像一個重物，有51公斤，可是我們只有13公司的力氣，因此我們利用槓桿把這個51公斤的重物舉起來，所以這支槓桿所帶來的倍數就是51/13＝3.92也就是將近4

敗家女

SMRAT叮嚀

我的認購權證長大了

行使比例的改變

當標的股票配股時,在沒有填權的情況之下,股票價格是會下跌的,但是本來持有的股票數會增加,變成1.2張股票,像發竹筍長利息一樣;權證也是一樣的道理,擁有認購權證,相當於擁有股票一樣,所以當然要享受配股的成果了,因此行使比例也要跟著增加,就像配到股票一樣。

倍。因此平常我們在權證上所聽到的槓桿倍數就是這個意思。

用四分之一(25.49%)的力量來賺錢,很輕鬆喔!

$\frac{1}{4}$

51,000$

敗家女：
我的認購權證長大了
享有發放股票股利的權益

　　敗家女覺得「認購權證」似乎蠻好玩的，於是就小小投資起來，但是說到「行使比例」，就有點兒開始有點眼冒金星，不偏不倚就讓敗家女碰到了「行使比例」異動，倒是嚐到甜頭。（老編：當然其中有用到股票的部份，老編就要假設大家都捧場過「股票新鮮人」這本書了。）

範例

　　假設大大證券公司發了一檔聯電的權證，履約價格是60元，行使比例是1，權利金是13元，敗家女買了一張認購權證，聯電現在的價格是54元。

　　上述講的是專業用語，換成日常用語等於，敗家女用13,000台幣（權利金）買了現在市價54000台幣的聯電股票(標的證券)權證，一年後可以用60,000台幣

(履約價格)即擁有這張大大有價值的績優股。

　　在沒有任何情況發生之下，一年之後，如果聯電的股票是75元，則敗家女會選擇履約(也就是拿手上的一張權證加上60,000元的現金去換一張聯電的股票回來)。但是在這之間，聯電發了2元的股票股利，這個時候，敗家女的朋友茴香本來有一張聯電的股票，現在變成了1.2張，那這個時候敗家女的情況是怎樣呢？

　　讓我們來回想一下，敗家女在聯電還沒有發股利之前，因為手上有一張權證，所以可以用權證加上60,000元的現金換一張聯電的股票；可是現在因為發放股票股利的關係，所以原本在市場上的一張聯電股票都已經自己變成1.2張，所以敗家女所持有的一張權證應該可以買到1.2張股票。而且更重要的一點是，因為股票市場會有除權除息參考價，所以履約價格也會改變，調整的過程大家可以參考一下附註的公式喔(見<附錄一>P.120)。

　　因此這也就是為什麼在除權除息時，權證的行使比例會改變，而且履約價格也會改變。

敗家女全員注意

以後只要老編沒有提起，則所謂拿權證換股票的意思就是權證加上履約價的現金去換股票。

權證條款專有名詞解釋之2

到期日：到期日就是這個權證可以履約的最後一天。也就是這個權利可以生效的最後一天。

最後交易日：權證到期的前二個營業日。在這裏要注意的是，權證的到期日和最後交易日是不一樣的，因為權證有在集中市場上市，因此每天都有交易，最後交易日就是權證在交易市場可以交易的最後一天，過了這一天，這檔權證就會從證券行情表消失。而到期日就是投資人可以把這個權證拿去要求結算的最後一天(之後會提

到結算方式)。至於為什麼要把這二個日期分開
的原因是,因為在「台灣證券」的交割是在買賣
日之後的第二個交易日(營業日),因此假設投資
人是在星期二下單買到權證,那投資人會在星期
四才拿到權證,也就是權證才會入到投資人的集
保戶頭,投資人才算真正擁有這張權證。因此到
期日要設計在最後交易日的後二個營業日的原因
就是這樣,投資人在早上權證入到自己的集保帳
戶之後,才可以在下午
拿去履約。

敗家女 SMRAT叮嚀

這個營業日的意義就是有交易的日子,
所以星期六、日和放假日是不算的。而且我
們常會聽到股票的交割結算是「T+2」天,這
個「T」就是代表transaction或是trade,也就
是你下單交易的那天,所以如果你買進股
票,股票進到你戶頭的時間就是次二個營業
日,也就是T+2天了。

　　小珍是在9日買進一張權證，則權證真正會進到小珍的戶頭是在12日。因為10日是放假所以不算，因此9日再加二個營業日就是12日。因此如果小珍是在12日才買進權證，則權證會在16日才進到戶頭，因為六、日都放假，很簡單吧！！

memo

敗家女：
投資認購權證3大好處

投資錢少、風險少、回收空間大

看完了前面敗家女的例子，相信大家都很清楚為什麼要投資權證了。

權證好？股票好？

也許您會在大家的談論中聽到投資權證是一項擴大個人信用，或者是像我們上面提到的擴大財務槓桿，但是其實我們可以更簡單的想，投資權證是因為我們只有少少的錢，又希望風險有限，又希望能夠享受到股價上漲的福利，因此投資權證。

LESSON 2

獲利粉容易

投資權證好理由

必勝**3**口訣

—履約價合理

—有效時間長

—長紅績優股

LESSON *2-1*

賺就賺在時間價值
價內、價平、價外時的操作

　　首先，有一些權證的術語我們還是了解一下，懂了術語，又給他朗朗上口之後，更能顯出敗家女不只是會血拼喔，還是很聰明的理財喔。

A. 歐式及美式(European vs. American)：「歐式」的權證代表說權證只能在到期日時履約，也就是只有在到期日那一天才可以向發行券商要求行使將權證換成股票的權利，或者是發行券商用現金結算的方式給付差價(這個差價就是股票的結算價扣除履約價的部份)。至於「美式」剛好相反，美式可以在任何一個營業日向發行券商行使履約的權利。

B. 價內 (In-the-money)：當我們說一個認購權證是價內，代表股價大於履約價。

C. 價平 (At-the-money)：當我們說一個認購權證是價

平，代表股價等於履約價。

D. 價外 (Out-the-money)：當我們說一個認購權證是價外，代表股價小於履約價。

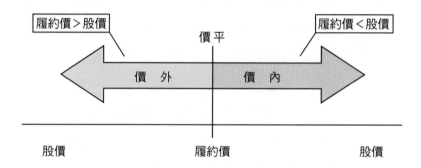

E. 內含價值(intrinsic value)：就是如果我們把權證「馬上」拿去履約時可得到的價值，所謂馬上可以得到的意思是「用履約價跟發行券商買進股票，然後在市場上馬上將股票賣掉」。因此當權證是價內時，內含價值就大於0，當權證為價平或價外時，則內含價值就是零了。(為什麼是零

呢？親愛的敗家女可別急著看下面的答案，先想一想喔！參考P.36)

F. 時間價值(time value)：就很專業很專業的角度來說，時間價值是權證的價值減去內含價值。這樣講好像有點抽像，舉個例子：在還沒到權證到期日的時候，假設現在馬上履約一股可得到5元(就像剛才講的馬上履約拿到股票，然後又馬上賣掉)，可是因為到期日還沒有到啊，所以股價還有上漲的機會，就是因為投資人認為股價還有上漲的空間，因此投資人願意在市場上出履約價高的價格購買，因此這個高出來的部份就是時間價值。下面用個非常非常簡單的圖來看。

為什麼價平和價外時的內含價值就是0呢？

◆ 價平時

　　因為價平代表現在股價和履約價一樣，因此現在在市場上雖然一張股票可以賣到60元，但是問題是履約價也是60元，代表也是要一股60元才可以向發行券商買得股票，因此並不能獲利。但是在專業的講法上，價平的權證是比較有價值的，因為下一秒鐘這個權證的價格可能會因為股價變高或變低；用白話文來說，就像頭彩有5億，可是要對中15個數字才得獎，這個時候已經對中了14個數字，再一個數字就可能是億萬富翁，但也可能是平民一介囉。這個時候投資人就要看距到期日還有多久以及股價的波動性來決定要賣出還是等著履約囉。

‧價外時

　　同樣的，價外時投資人跟本不會去履約，去履約然後再到市場上把股票賣掉跟本就會虧錢，但是投資人可以選擇不要虧錢，因為內含價值就是0囉。但是要注意喔，如果有一個權證是極度的價外了，也就是股價小於履約價很多的時候，則投資人就應該考慮是不是還趁權證有時間價值的時候趕快賣掉囉。

memo

LESSON *2-2*

獲利3口訣
履約價合理、存續時間長及長紅績優股

以下為幾個影響權證價值的因素——

A · 履約價格：

權證的履約價格愈高，則權證的價值會愈低，就像二個一模一樣的權證，一個權證的履約價是50，另一個權證的履約價是60，則履約價較高的權證價值當然較低，因為假設股價現在是55元，則履約價50元的已經有內含價值5元了，可是履約價是60元的內含價值是0。

B · 股價：

這個當然不用再解釋囉，當然股價愈高則權證的價值愈高囉。

C‧股價波動率：

　　股價的波動率愈高，則股價愈容易到達高點，則權證的價值愈高。就拿中鋼和DRAM股的股票來說吧，中鋼二年以來最高和最低的股價可能只有相差10元，可是華邦的股票曾高到2百多元，相差200元以上，所以當然是華邦的股價波動率較高囉。

D‧存續期間：

　　存續期間指的是這個權證的契約有多長，愈長的權證的價值愈高，因為時間愈長，則權證變成價內(履約價＜股價)的機率愈高，這個也就是時間的價值。

E‧利率：(這裡的利率，指的是無風險利率，通常在國內指的是一年期定存利率。)

　　大家一定想不到吧，利率這個字眼竟然也會跟權證扯上關係，當然會！有一個比較簡單且可理解的想法，記不記得權證有個履約價，這個履約價代表的一個意義是——在履約的時候，可以用這個價格跟發行券商買進股票，利

率愈高代表的是以後的錢愈薄，因此一樣是在未來用20元買進股票，則利率較高代表的含意是未來所付的錢愈少，因此這個權證應該是愈值錢的。

如果這個道理可以懂，那敗家女真是又要讚賞一下自己了，因為這樣敗家女就把利率的東西也再複習一下囉。

親愛的敗家女們，也許你們讀到這裏已經有點小小的發現老編在談上面這些因素時，所講的是影響權證「價值」的因素，而不是影響權證「價格」的因素，這裏面當然是有文章在裏面的。

所謂「價值」是指Value，講的就是它應該有的價值，但是價值不等於「價格(Price)」，價值是抽象的，可是價格卻是血淋淋的，是有實際數字的。

因此如果說是要決定權證「價格」的因素，我們只能大聲的說權證價格是由市場供需決定的。

memo

LESSON *2-3*

在股市波濤中仍能賺錢

股價的歷史波動性、隱含波動性

　　下了這麼一個小標不是要讓大家覺得害怕，是要該各位敗家女們開始覺得自己要在權證這個領域變得smart，那這二個名詞就是一定要給他卯起來懂了。

股價的歷史波動性(Historical Volatility)：

　　所謂的波動性就是股價的變化，而歷史波動性就是股價在過去的波動狀況。股價愈活潑，則波動性就愈高，股價經常上沖下洗的那種，就是股價波動性很高的股票。舉例來說，像中鋼這種牛皮股就是股價的波動率很低的，而像DRAM股就是股價波動性非常高的。

隱含波動性(Implied Volatility)：

　　隱含波動性就是利用目前權證在市場上交易的市價，來反推波動性。

　　這個就要小小解釋一下了。如果大家還有印象，有一年的諾貝爾經濟學獎就是由發明選擇權評價公式的人。那些人用了一些很精密的模型把選擇權的合理理論價格算出來，公式裡有個代進去的變數就是波動性，而我們這裡的認購權證就是一種選擇權。

　　因此，如果我們在已經知道波動率的情況之下，和一些其他的數字，就可以把權證的理論價格算出來。不過算出來之後，大家都會發現，怎麼理論價格和市場上交易的價格不一樣呢，其中一個最大的影響因素就是波動性。

　　就是這樣，我們也可以把權證的交易價格代進去公式裏，就可以反推原先代進去的股價隱含波動性是多少了？

　　如果我們用圖來表示就很容易明白了。

▲每顆球(變數)都會影響演出(權證價格)。

權證的理論價格：

國中數學題

f(x)＝y

如f(x)＝2x+2＝y，若x＝2則y＝(2×2)+2＝6

就是把x代進f(x)這個函數，就可以得y的值，那如果是

f(x.y.z)＝Q

如f(x,y,x)＝x+y+z+3＝Q，若x＝y＝z＝1，

則Q＝1+1+1+3＝6

代表把x.y.z代進f(x.y.z)這個函數，就可以得到Q的值。

以此類推權證

f(股價、波動性、利率、履約價、到期日)＝權證的理論價格。

這時如果知道了權證市價，就可以倒推波動了，用數學國中功力想想……

f(x   .y   .x   .w   .p)＝Q

   ↓   ↓   ↓   ↓   ↓

 已知 已知 已知   ?   已知

(股價 利率 履約價 波動性 到期日)＝權證的市價

▲所以影響權證合理價格的因素，除了上一章提到的股價、利率、履約價之外，還有就是波動性。

　　說到這個波動性，學問就很大。在金融市場裏，大家都相信——

　　當一個權證的標的股票波動率愈大時，則權證的價格應該要比較貴(詳參考LESSON5-2)。波動性簡單來說是股票價格變化的程度，只要股票每天都上上下下，則股票的波動性就大。

　　看到這裏，大家可以想一想，下面那一支股票的波動性比較大呢？

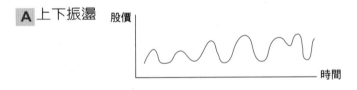

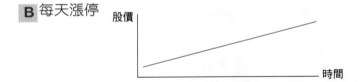

到底那一個波動性比較大呢？

　　答案是A，大家一定覺得很奇怪，為什麼不是每天漲停板的波動性才大呢？這個大家就要更仔細來想想了。

　　大家看到B圖，每天都是漲停板，那代表每天都是漲7％，這樣怎麼會有波動性呢，股價的走勢都已經確定了，當然沒有波動性了，而且波動性如果嚴格來說，應該是「股價報酬的變化程度」，每天都漲7％當然沒有變化囉。這樣一來大家是不是就了解為什麼A的波動率比較大了呢？！

memo

LESSON 3

與買賣股票一樣簡單

如何買賣權證

買進時

—準備買進價金、交易手續費。

賣出時

—履約時思考的3件事。

LESSON *3-1*

簡單動作購買權證
與買賣股票幾乎一模一樣

權證的買賣和股票幾乎一模一樣：

Step1：投資人先簽「風險預告書」

哈！投資人當然要先有買賣股票的戶頭囉，還不知道怎麼開戶的敗家女，快快把敗家女系列－「**股票新鮮人**」拿出來複習囉。不過既然叫做權證，一定是有點不一樣的地方，那就是要另外簽一個特別的東東。

因為權證是一樣有點複雜的商品，所以證期會為了保護投資人，確定投資人了解買賣權證的風險，會需要投資人先簽「風險預告書」，一定要簽才可以買賣權證，風險預告書大概的內容就是告訴投資人說：

> 「投資這個是很有風險的，有可能損失**money**，投資人應該心裏有所準備……」

簽完了「風險預告書」之後也就是代表投資人懂了，知道了。所以啊，如果妳當初開戶的時候沒有簽，那趕快去找你的營業員囉！

Step2：買進權證的方式有二種

★如果是新上市的權證

證券商在發行每一檔認購權證時，會有一段的承銷期間，在這個時候，投資人就可以先到發行券商的銷售據點去做買賣；如果妳只是看到報紙或聽到風聲說那一家券商有要發權證，可是實在是不太了解，這個時候呢，老編建議妳趕快打電話call你的營業員，親愛的營業員會幫你服務的；不然呢，妳還可以打電話去那家券商的總機，說你要找權證的相關負責人員，她(他)們一定會熱心的幫妳解決的。

★權證已經發行之後再買進

跟買賣股票一模一樣了，你只要打電話給你的營業員，或透過網路下單都可以。

上市權證交易小細節

1.交易單位

　　這個跟股票是一樣的，每一張權證有一千個交易單位，一單位的價錢如果是3.2，代表一張權證要1000×3.2元＝3,200元。

2. 價格跳動單位

　　下面跟股票做個比較

	認購權證	股票
未滿5元	0.05元	0.01元
未滿15元	0.05元	0.05元
15-50元	0.1元	0.1元
50-150元	0.5元	0.5元
150-1000元	1元	1元
1000元以上	5元	5元

　　價格跳動的單位簡單來說，跟交易所把買賣單搓一盤有關係，所謂「搓一盤」的意思就是把買賣單給配對，也就是讓買賣雙方成交的意思。而且，如果敗家女

真的小作一下功課就會發現這個跳動單位是有意思的，因為如果沒有跳動單位的限制，則投資人買的價錢或賣的價錢可能就會有很多小數點(例如說出現股價是32.005的情況)，而且交易所也不容易管理。舉例來說好了，一支介於150到1000元的股票(或權證)，因為價格比較高，所以以1元為買賣的一個間距，透過這樣的方式，交易就很好管理了，而且投資人也知道怎麼買賣。

3. 競價方式

　　權證的競價方式跟上市股票是不一樣的，跟上櫃股票比較像，也就是沒有上下二檔的限制。

4. 漲跌幅限制

　　因為權證是一個比較不一樣的商品，而且權證還會有很多變形，因此漲跌幅比一般股票複雜一點點。

LESSON *3-2*

交易時3項費用
扣掉買進價金、交易手續費、交易稅才有賺

交易權證的觀念跟股票跟本就是一模一樣，不過還是有那麼一點點不同，交易權證時主要有三種費用

買賣價金 ：就是買進或賣出一張權證所需支付的價格。

交易手續費 ：不論是買進還是賣出都是買賣價金的千分之1.425。

交易稅 ：買進的時候不課稅，但是賣出時要課稅，不過賣出時的稅是賣出價金的千分之1。

	手續費	交易稅
買進權證	千分之1.425	不課稅
賣出權證	千分之1.425	千分之1

用個例子來說就更清楚了：

小冰昨天買進一張3.6元的權證，今天看到漲到3.8元，想說還是把他賣掉好了，親愛的敗家女們，您們覺得小冰賺到錢了嗎？

Think 1 ：小冰花了多少錢買進這一張權證？

3.6元代表買進一張權證要3.6×1000＝3,600元

手續費要支付3,600×1.425/1000=5.13元

所以小冰共要支付3600+5.13＝3605.13

Think 2 ：小冰賣掉權證賣了多少錢？

3.8元代表賣出一張權證得3.8×1000＝3,800元

手續費要支付3,800×1.425/1000=5.415元

又賣出後交易稅要繳3,800×1/1000=3.8元

所以小冰所得為3800-5.415-3.8=3790.785

Think 3 ：小冰到底有沒有賺錢呢？

小冰有賺錢，賺了

3790.785-3605.13＝185.655元

敗家女
SMRAT 叮嚀

買賣要注意手續費和交易稅喔，扣掉這
些費用才是真正賺到的錢。

memo

LESSON *3-3*

賣出權證大展身手
在集中市場「賣出」或跟券商「履約」

★「賣出」權證與「履約」

嚴格來說，賣出權證的方式有二種：

A.選擇在集中市場賣出〔就是打電話給您的營業員或網路下單啦〕。

B.選擇履約，也就是跟發行券商履約。

賣出的觀念大家都很清楚，至於履約簡單來說，就是投資人拿著手裏的權證，跟發行券商說，我要換股票，或者是換成現金：

我要換股票 ：這個就是謂的「證券給付」，投資人拿著權證（意思就是帶著集保本子），向發行券商要求以「履約價」買進股票。舉例來說，小明買了一張聯電的權證，履約價是45元，則小明可以用每股45元向標的發行券商買進一張聯電的股票。

我要現金結算 ：這個是指發行券商付給投資人標

是否要扣掉已支付的權利金？

？？？

不行，不行，在觀念上，權利金是為投資人買來這個權利，當然在以後不能扣抵。千萬別把權利金誤為是定金，以為再付差額就好了。不過在國外有一種比較特別的認購權證(或稱為選擇權Option)，當到了到期日時權證如果變成一張壁紙的話，則發行者會再給投資人一點小小小的補償，我們稱為rebate，不過大家也別高興的太早，因為這個補償發行商在一開始決定權證的價格的時候就會考慮進去了，因為市場是公平的嘛！！

的股票結算價與履約價的價差。就上例而言，假設聯電結算價是1股56元，則投資人持有一張權證可得(56-45)×1000=11,000。

不過要注意的是，發行券商可以決定用那一種方

式，通常是會採用證券結算的方式，因為那樣最簡單，發行券商只要把買進來避險的股票交付給投資人就可以了；至於現金結算比較麻煩的是，履約那天的股價可以上沖下洗，這樣用什麼價格當結算價就尷尬了。

履約注意事項：

1. 履約作業

－履約期間：如果是美式權證，則自上市日(含)起，投資人在任何一個營業日都可以履約，用下面的圖來表示就更清楚了。

2. 提出履約要求時間：周一至周五下午2:30以前。

3. 所需要寫的：要寫「認購權證行使權利申請委託書」，這個可以跟營業員要。

敗家女全員注意

敗家女一定會發現權證在集中市場賣出,及拿去履約的交易稅是不一樣的,在集中市場賣出的稅是0.1%,履約時則為0.3%,這是因為履約時拿到股票或是賣出(拿到現金),所以視為股票交易。

4. 什麼時候付款或付權利證書

－投資人在行使權利當天,就要付權證,也就是權證會從集保帳戶中扣掉;另一方面,如果券商所選擇的是證券給付,則投資人在行使權利當天就要付錢了(就是付出履約價)。

－發行券商會在投資人行使權利的次二日,把標的證券交付到投資人的集保帳戶,或者是選擇現金結算時,會將現金匯入投資人的帳戶當中。

5. 履約費用:

	現金結算	證券給付
手續費	履約價×行使比例×0.1425%	履約價×行使比例×0.1425%
交易稅	結算價×行使比例×0.3%	無

LESSON 4

照過來！多認識權證

不可不知的權證小常識

漲幅與股票有何不同？

履約日該思考什麼？

權證的編號？

行情表怎麼看？

LESSON *4-1*

權證的漲幅比股票大

股票一天最多賺7%，
可是權證卻是7%的倍數

　　因為權證是一個比較不一樣的商品，而且權證還會有很多變形，因此漲跌幅比一般股票多樣。

基本型：

　　也就是個股型權證，所謂的個股型就是權證所代表的股票只有一種(這個意思就是有可能有代表二個以上囉)，那麼權證的漲跌幅就是以標的股票漲跌幅的金額再乘上行使比例，作為權證的漲跌幅限制，因此權證的價格波動是大於現股的。說了這些，我們還是用一個例子來看比較清楚。

　　小小證券發了一檔金金公司的權證，金金公司的股票今天漲停板是107元，跌停板是93元；而金金公司的權證開盤時是25元(平盤價是25元)，行使比例是1，那金金公司的權證今天漲停板價格是多少呢？

A. 金金股票漲了7元，金金的權證行使比例是1，因此金金權證的漲停板價格是25+7*1=32元。

B. 那為什麼說權證的波動是大於現股的呢？話說這個金金的股票漲停板只漲了7%，但是看看權證的漲停板可不是7%喔，權證可是道道地地漲了21.875%喔！

權證的波動比現股還大的囉！真是緊張刺激！

(32-25)÷32=21.875%

變型：

　　這個就是剛才提到的，一張權證所代表的不是單純的某一張股票，而是有可能二張以上的股票，這個就是所謂的組合型權證。來看下面的例子：

　　　　小小證券發行了一個組合式的權證，一張權證所代表的是600股(0.6張)的台積電，400股(0.4張)的台塑。今天台積電100元的漲停板是107元，跌停板是93元；而台塑今天50元的漲停板是53.5元，跌停是46.5元，則因為台積電的漲停或跌停的幅度都比台塑大，因此這張權證的漲跌幅限制是

　　　　　　　$7 \times 0.6 = 4.2$元

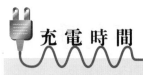

充電時間

權證市場實例

　　權證代碼是0819的統一07就是一個典型的組合型權證，是由彰銀和台新銀組成的，比例各是彰銀600股和台新400股。

　　其實權證還是有其他一些比較奇怪的，不過因為發行量不多，所以老編在這裏就先不提了，以免搞得敗家女們頭昏腦脹囉。

LESSON *4-2*

權證未到期時
─賣？不賣？不為難！

賣出權證3大理由─股票走勢變弱、已經
深度價內、權證變成價內的機率不高時

　　要賣出或者是要履約，投資人可要好好衡量衡量，
先不管一些深奧的理論，我們先用個簡單的例子：假如
權證的期間是一年，屬於歐式的權證(見P.32)，則這個時
候選擇賣出或履約可以這樣想：

★賣掉：到集中市場賣掉權證，會得到一筆錢A，將
　　這一筆錢A存進銀行到了權證到期日時本金加上利
　　息會得到A(1+r)。

★不賣掉，到期日將權證換成股票，可以享受股價
　　上漲權證也繼續上漲的權利，則假設到期日的股
　　價是S，履約價是E，則履約之後馬上將得到的股
　　票賣掉，得到(S-E)。

　　大家可以發現以上二種情況中，第一種是錢落到口
袋，第二種是到了到期日才知道，所以第二種的情況是

錢有可能更多，但也有可能一毛都不剩，因為時間是有價值的，只要距離到期日還有時間，則權證就有可能漲上去。因此至於要賣出或者是要等著履約，有以下的幾個方向可以給大家參考：

賣出權證的3大理由

◆當標的股票走勢變弱時

─因為股價漲上去的機率不高，因此選擇賣出比較好。(這個用很理論的講法就是因為隨著到期日愈來愈近，時間價值就愈來愈不值錢囉，也就是越來越不會有人想高於履約價去購買權證。)

◆權證已經深度價內了

─當股價已經位於非常非常深度價內(複習P.33)的時候(即股價上漲的厲害，大於履約價許多)，即這張權證幾乎就是一張股票了。這個時候比較建議賣出，因為如果還繼續看好股價的話，就應該去買股票了。

因為，若某股票一直漲，很值得投資，權證就會跟著漲，則投資者一開始認購的權利金也會跟著提高。別忘了，到了履約日買進股票時，可沒扣掉權利金，所以權利金太高，不就很不划算了嘛！

◆到期日快到了，權證變成價內的機率不高時

──投資人應該就要賣出了，因為假設到了到期日而股價是價外的時候，則這張權證就一點價值都沒有了，所以應該趁著還有時間價值的時候賣掉。

為什麼說當權證已經是深度價內時，意義就等於是股票了呢？

假設權證的履約價是20，而股票已經40了，這個時候正常來說，只要股票漲1元，權證的價格應該就要跟著漲1元，而且這個時候權證的市場價格一定超過20元(因為還有時間價值)。在這種情形下，買一張權證至少要20元，然後履約時要再花20元(履約價)，這樣加起來就要超過40元了，那不是跟買一張股票一樣嗎？

LESSON *4-3*

看懂證券的行情表
權證有時是混種的喔！

　　每支股票都有代號，權證也是一樣有四碼，只不過權證是從05開始，因此我們在行情表上面所看到的是05xx，06xx和07xx，目前前二個數字已經到了07開頭了，等到07xx都用完就會再有新的編碼出來。

　　不過大家在看行情表時一定會覺得很奇怪，代號0697是「元大33」，好像看不到是那一支股票的權證，其實指的是xx股票，也就是說xx股的權證可能很多券商都有發。

　　還有，還有，經濟日報和工商時報在權證上市的時候會在報紙上公告，還會列出代碼，但是投資人最好還是記那一家券商發的第幾支權證，不然會容易搞錯。

敗家女
SMRAT叮嚀

　　投資人要注意自已要買的到底是那一家券商所發的宏電，因為不同的時間所發行的權證價格當然不一樣囉！

下面列出報紙上對權證的價格表：

認購權證行情表(參考經濟日報第21版)

證券名稱	收盤	漲跌	成交數量(今日)
元大26	0.1	-	1,184
華信01	0.7	x0.1	2,373
日盛09	1.05	x 0.25	1,147
元大27	2.55	x 0.6	845
倍利02	2.25	x 0.20	1,238
元大28	0.9	x 0.25	726
元大29	1.00	x 0.05	1,761
元富09	2.05	x 0.2	419
元大30	1.00	x 0.3	1,026
寶來18	8.10	x 1.6	440
元大32	4.80	x 0.1	90

資料為91/5/21日的收盤資料

真是歹勢，老編在查這一份資料的時候，剛好大盤異常的差，幾乎所有股票都下跌，所以權證當然都下跌囉。再者，聰明的敗家女一定發現光看這個表是無法發現權證所代表的標的股票的，不過別急別慌，網路是可以解決問題的。各位們只要在「奇摩站」或者是「Google」等搜尋引擎打入『權證基本資料』就可以找到很多家券商的網頁，然後券商就幫我們把他整理的很好了。

　　還有，還有，權證的代號也可以從那裏查到喔。

memo

掌握簡易投資4H原則

LESSON 5

簡易投資4個H原則

4個HOW

　　—股價多少

　　—多少可回本

　　—到期日多久

　　—履約價多少

　　計算波動率，了解自己的勝算

簡易投資原則秘訣之1

4個HOW─股價多少、多少可回本、到
期日多久、履約價多高

　　雖然在理論上有多種「精深」的策略來買賣權證，但是說那些精深的理論會讓人覺得小小散戶似乎很難做到，因此在這裏我們提供幾個比較簡單原則，敗家女們可以依據這些原則來做快速的判斷。

　　這三個原則分別是履約價格和買進價格、有力的隱含波動率、距到期時間、及履約價到底多高以下逐章傳授秘訣。

履約價格和買進價格

　　目前大家最常用的以及最容易理解的大概就是這個了。先不要用那些拗口的名詞，來看個例子先。假設日出證券發了一檔權證，而這檔權證的標的股票是花開公司，履約價是50，行使比例是1。這個時候投資人要考慮的是：

★目前股價是多少？

★股價要在漲多少才會回本？也就是假設目前股價是S元，權證是W元，這個時候要賺錢的前提是

$$S >= W+50$$

★距到期日還有多久？如果距到期日還久一點的話，則股票當然比較有機會漲了。

範例一

　　2002年x月x日的時候，花開公司的股票是56元，權證距到期日還有半年，履約價是50，行使比例是1，目前市場上權證的交易價格是7.5元。

　　在這樣的情況之下，因為權證目前是價內6元(56-50)，雖然交易價格在7.5元，好像多付了1.5元，但這個時候如果投資人其實是比較應該買進的；因為還有半年，而花開公司的股票只要再漲1.5元就可以回本了，而只要多漲過1.5元的地方就都是賺的。

而且這個時候買進的成本也才花了1.5元。而如果真的56元是這支股票的高點，那損失還是鎖住了。

　　半年的時間，花開公司應該會再漲1.5元。就算56元是這支股票的高點，那損失還是鎖住了。

範例二

　　2002年x月x日的時候，花開公司的股票是48元，履約價是50，行使比例是1，權證距到期日還有半年，目前市場上權證的交易價格是4元。在這樣的情況下，投資人可以這樣稍微判斷一下是不是要買進。

　　首先，要股票漲到54元才會回本(50＋4＝54)。

　　再來，距到期日還有半年，槓桿倍數有12倍（48/4＝12）。

　　如果投資人覺得花開公司的股票漲到54元是可以

要從每股48漲到54才能回本，不過，花開公司根據以往的經驗，都表現的很好…，可以考慮買進喔！

期待的，且槓桿倍數有12倍，是值得買進的話，則就可以買進。

☆ 小小複習 ☆

權利金比例(LESSON 1-2)：或可以稱為是溢價比例，也就是用百分比形式來表示權利金，即

$$\frac{權證價格 \div 行使比例}{標的股票市價}$$

$$\frac{4 \div 1}{48} = 12$$

下面用個小小簡單的圖來描述一下股票的漲跌和投資人賺賠多少的關係(別緊張,不難不難)。

到期日時股價和賺不賺錢的關係

獲利

權利金

損失

股票價格

履約價格

memo

LESSON 5-2

簡易投資原則秘訣之2
計算波動率，了解自己的勝算

　　記不記得之前曾經在LESSON 2-3(股價的歷史波動性、隱含波動性)大力又大力的說有二個非常重要的名詞，那就是股價波動率和隱含波動率，這二個就是判斷該不該買進或賣出的指標之一。

　　在金融市場裏，大家都相信—

當一個權證的標的股票波動率愈大時，則權證的價格應該要比較貴。

　　因為權證有極大的可能會價內，而且可能會價內許多，因此股價波動率是我們判斷權證價格一個很重要的指標之一。

　　這裏先來小小複習一下，因為實在是太重要了：有一個很重要的模型，叫BS模型(見附錄3)，如果我們把一些參數(像股價、履約價格、距到期時間和波動率等等的東西)代進去之後，可以求得這個權證的「理論價格」。一

樣的，如果這個市場上有權證的交易價格，我們也可以反推出波動率是多少，而這個反推出來的波動率就是「隱含波動率」。

例如：

如果有一個權證的標的股票的波動率是40%，而用目前權證的價格算出來的隱含波動率是60%，則這就代表這個權證的價格是被高估了，如果這個時候手上有權證的投資人應該要趕快賣掉，不過如果是相反的，則就要趕快買進。這個可以從另一個方面來解釋就是：因為用波動率是40%所算出來的權證理論價格也許只有10元，可是目前權證卻交易在16元，那我們就是覺得這個權證的價格被高估了。

波動率要怎麼算？到那裡去看波動率？

波動率當然不可能是我們用手一檔一檔去算，通常在各大券商的網頁都會提供目前在市場上交易的權證，自然就會幫我們把波動率和隱含波動率差額算出來。

波動率和隱含波動率之間要差多少個％才算是權證價格被高估或低估？

至於到底波動率和隱含波動率的差額要多少時才會出現買進或賣出訊號？這個就見人見智了，在各券商的網頁也會有券商基於自己的判斷供投資人參考的意見。

除此之外最重要還有一點，這個差額也會和距到期日的長短有關係，因為愈接近到期日的時候，照理論來說，歷史波動率和隱含波動率會愈來愈趨於一致(當然不是完全一樣)，因為快到到期日時，這個權證價值馬上就知道了，當然理性的人不會特意花很高的價錢買進這個權證(隱含波動率高)，也當然不會有人用很低的價錢把權證賣掉(隱含波動率低)，因為就快要到權證到期日了，權證到最後應該有多少的價值(或在到期日的時候是價格)都昭然若揭了。

LESSON 5-3

簡易投資原則秘訣之3
注意到期日、履約價有多高

轉眼就是到期日

之前曾經發現有些粉可愛的投資人,他們買權證是因為發現「哇!權證一單位只有0.05元」,也就是一張只有50元,因為便宜就買了很多,後來發現三天後就到期了,而權證卻是價外非常多的。因此一定要注意到:底距到期時間還有多久喔!

履約價越高、門檻越高

投資人常常會問,到底履約價多高是合理?

券商在發行權證時,在發行辦法裏有一點是,發行價格是

「平價發行」 或是 「價外×××%發行」

如果是平價發行代表發行日那一天的股價和履約價格一樣,而如果是價外125%發行,那代表如果股價是50

元，則履約價就是50×1.25=62.5元。

在標的股票和所有的條件都一樣的時候，價平的權證的發行價格當然會比價外發行的權證價格高。就像上面的數字一樣，價平的權證只要漲1元，則權證馬上變價內，可是價外125%的權證要漲超過12.5元才會變成價內。因此投資人切切要記得—

「價平、價內或者是價外發行的權證價值都會合理反應在權證的價格上」

因此，敗家女們可以用我們之前所講的一些觀念(如槓桿倍數，公司前景啊)決定自己是不是要買。舉個很有趣的例子，在韓國有種像國內的權證的商品，價外的反而大賣，投資人只需付一點點錢就可以賭大的，因為是價外很多，所以那個商品粉便宜，可是如果那天時機一轉，等於是賺了很多倍回來。

價平時

價外時

memo

LESSON *6*

避開6大風險

投資獲利更**easy**

6大風險

　　—發行券商的風險

　　—時間價值風險

　　—流動性風險

　　—信用擴張風險

　　—未履約風險

　　—權證價格被高估或低估的風險

LESSON *6-1*

風險之1
—發行券商的風險
要找可靠的發行券商

　　既然是投資就一定會有風險，權證當然也不例外，讓我們——來看看：權證的風險有發行券商的風險、時間價值的風險、流動性風險、信用擴張風險、未履約風險、權證價格被高估風險等。以下逐章討論

發行券商的風險：

　　權證是由券商發行的，並不是由交易所或者是任何公家單位發行的，因此就有著發行者風險。因為履約是跟發行權證的券商履約，今天如果發行的券商發生財務危機，則投資人拿在手上的權證就沒有辦法向發行券商履約了，因此在購買權證時，也要考慮信用良好的券商。

如何挑選信用良好的券商呢？

　　雖然從沒有發生過投資人向券商履約，可是券商付不出股票的例子，不過投資人仍然是要小心。這個觀念就像大家覺得銀行好像不會倒，但是美國就曾發生過銀行倒閉的例子，所以大家還是要注意。

　　在國內大部份的券商是有信用評等的，而這個信用評等是由一個非常具代表性的公司所給予的，雖然這個給信用評等的券商並不是政府機關，但是還算有公信力，這個機構的名字是「中華信用評等公司」網址為http://www.taiwanratings.com/tw/。＜附錄二＞列出現在有信用評等的券商，列在較上面的代表信用評等是比較好的。但是要注意的是，這個評等是會改變的。

LESSON *6-2*

風險之2
—時間價值風險

越接近到期日就越沒時間價值

首先，各位敗家女們來回憶一下什麼是時間價值？

時間價值指的是權證因為還沒有到期，所以權證有可能到價內所帶來的價值，因此可以說權證的時間價值永遠是大於或等於零的。

再來，以下有三點是關於所謂時間價值的風險的。

★風險一

在一定時間內要履行價值，否則所購買的權利就自動消失。

權證投資和股票投資較大的差異是：權證有一定的有效期間，可是股票沒有。雖然說投資權證的意義和投資權證所代表的股票是有點類似的，但是大家一定可以發現，權證是投資人獲得股票上漲的權利，因此權證是有一定的存在期限的，如果在權證的存續期間裏權證一直沒有執行「履約」，則權證到期之後，這個權利就消失

了；可是股票就不一定了，買了之後可以一直放著，只要發行公司沒有倒閉或下市，股票就一直都是投資人的。

★風險二

就是因為權證有上面所說的有效期間，因此權證發行之後即使標的股票的股價維持不變，權證的價格仍會隨時間逍逝而減少。

聽到這裏，老編在想各位敗家女一定還是霧霧的，不急不急，我們用另外個「白話」的想法大家就懂了。

現在假設有二個權證，分別是權證左和權證右。他們的基本資料如下：

	標的股價	履約價格	距到期日
權證左	60	60	一年
權證右	60	60	一天

大家可以想一想，到底權證左和權證右那一個價值會比較高呢？

如果光看標的股價和履約價格，則二個權證好像價格應該要一樣，但是如果又看到距到期日那一欄，大家一定可以馬上發現，當然是權證左的價值會比較高，因為它

還有一年的時間可以漲，但是權證右只剩一天了，因此當然是權證左的價值比較高囉。

再來想想剛才所講的，假設標的股價都沒有變，則權證價格會隨時間的經過而遞減，這個就很像權證左一樣，如果它的股價都沒有動，到了距離權證到期日只剩一天的話，則就變成權證右，這個時候，權證的價值就會趨近於零了。這樣大家是不是比較清楚了呢？

★風險三

通常在權證發行初期，時間價值不會減少太快，但是經過一半之後，時間價值會快速遞減，而到了接近到期日前，遞減的速度會變快。

這個風險也是挺好理解的，假設有一個A權證，一開始發行時是價外發行(就是履約價大於目前股價)，期間一年。誰知道一開始股價就不太動，不過大家都覺得反正還有一年，很有可能會漲，所以這個時候權證的價格都還在一定的水準。可是經過半年之後，股價還是不太動，投資人開始有點不耐煩了，而且開始覺得股票似乎不戈會漲。又經過了三個月之後，股價還是一直在盤

整，可是眼看著還有三個月就到期了，投資人就會開始覺得這個權證好像沒有麼希望，所以就開始拋售，權證的價格急劇下降，到了快到期前二天，投資人幾乎已經完全死心了，因為股價就算漲也漲不了多少，因此開始「用力」

權證就像女生，越到適婚年齡(到期日)就越沒價值。原來。時間價也適用在人的一生！

拋售，權證的價格就是這樣愈降愈快。而上面的**風險三**就是在描述這樣一個過程，真是夠人性化了。

　　敗家女想的真多，或者我們也可以這麼說，時間價值的過程就像一個人的成長，在小孩子剛生出來的時候，大家都對這個小生命寄予無限的希望，覺得未來發展無限。但是當這個小孩到了三十五歲的時候都還沒有眾人所謂的「成就」的時候，大家就開始覺得這個人可能「還有一點機會」，但是一旦到了五十歲還是沒有「成就」時，則大家開始覺得不太可能了，再到了六十歲時，大家就會覺得更不可能了。這個例子是不是很像時間價值的感覺呢？真是有點殘忍呢！

LESSON 6-3

風險之3
—流動性風險

選營運佳、股票受歡迎的權證

首先，先來看什麼是流動性？流動性的意義就是
——把資產變成現金的難易程度

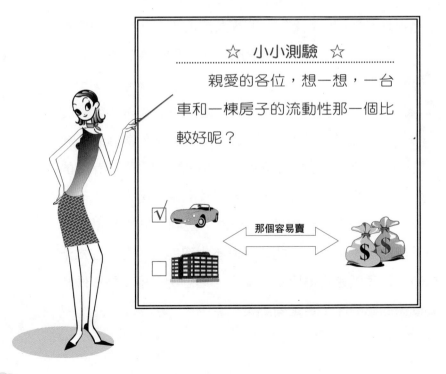

☆ 小小測驗 ☆

親愛的各位，想一想，一台車和一棟房子的流動性那一個比較好呢？

那個容易賣

　　當然是車子比較好囉，因為車子比較容易賣掉，也比較多人買，可是房子就比較不容易了，所以當然是車子的變現性強囉。

　　因此在權證的例子中，能不能用合理的價格在次級市場中賣出也是投資權證的重要因素，因為當交易量很少的時候，則跟本想賣(即使是賠錢賣)也賣不掉。

　　也就是說，在選擇權證時，得考量那一家公司營運狀況不錯，股票較受歡迎，以免滯銷很難轉手賺錢喔！

LESSON 6-4

風險之4
──信用擴張風險

股票大跌時，權證就沒價值了

之前有提過權證是使個人財務槓桿變大的工具，因為我們可以用一點點錢就買到股票上漲的權利，但是大家絕不能忘記，當標的股票跌很多時，這個權證相對就沒有價值了。也就是說投資人可能血本無歸。(比起買股票，雖然買股票需要動用的錢比較多，但是當股票跌很多時，至少手裏還有「真正的股票」)。

這一點要告訴大家的是，千萬不要把所有手上的錢都拿去買權證，雖然權證可以有槓桿效果，但這個效果在說明白一點就是擴張個人的信用，也就是跟融資買股票的意義一樣。融資買股票在股票市場不好的時候，投資人面臨要斷頭出場的危險，也就是一定要認賠殺出，到後來手裏什麼都不剩；權證也是，遇到股市在大跌的時候，則權證的價值會趨於0，而且又因為權證有到期日，如果再遇到到期，那權證真是變的跟空氣一樣囉！

所以千千萬萬別把所有的資產都放在權證這個籃子裏喔！！

什麼時候要避免買認購權證呢？

首則一，大家一定可以發現認購權證是一項看漲的商品，也就是要股票有漲才會有賺錢，因此如果發現經濟在衰退時，而此時股市也積弱不振時，則散戶可能要先避開認購權證這個商品，雖然說認購權證可能會遭到大家不理性的殺出，但畢竟我們是小散戶，沒有電腦系統幫助我們判斷權證價格到底是被高估還是低估，所以還是先忍一忍不要買囉。

首則二，太牛皮的股票的權證投資人可能也要注意。既然我們認為波動性是影響權證價格很大的因素，那這件牛皮權證可說是一點期待也沒有，所以投資人要買前要三思喔！

LESSON 6-5

風險之5
─未履約風險

一不小心忘記履約，權證瞬間成廢紙

哈哈，這個風險就有點扯了，不過還是會發生的，就是都到了到期日，投資人不但沒有賣出權證也沒有去履約，這個時候如果手上的權證是沒有價值的就算了，如果是那種有很高的履約價值的時候，那投資人真的就要哭了，就是因為投資人沒有去履約，再高的權證都變成一張廢紙了。

記得提醒自己履約日是那一天喔！

所以大家要注意：除了現金結算的權證，交易所會在到期日時自動結算後通知投資人之外，其他型式的權證均需要由投資人主動向發行券商提出履約需求。

敗家女
SMRAT 叮嚀

　　因此大家切記要注意所持有權證的到期日，以免喪失履約權利。不過這一點老編覺得應該不會發生在敗家女身上的，因為敗家女買的權證都會很仔細的記在花花手冊的。

LESSON *6-6*

風險之6
—價格被高估或低估風險
不隨波逐流，多用理性判斷

看到現在，大家一定發現權證是一個有點難的東西，因為權證是屬於選擇權，也就是所謂的「衍生性商品」，老編之所以現在才說的原因是因為不想讓大家一開始就覺得很難，難到不想再翻開這本書。為什麼會提到這個呢？主要的原因是因為投資人常常因為不了解，就給了權證一個太高或太低的價格。

當股市風起雲湧的時候，通常投資人會開始忘記權證真正的價值在那裏。當股市在漲的時候，會瘋狂的一直把權證的價格買上去，而且又因為權證價格的波動是比股票大的(參考LESSON 4-1)，所以常常會造成權證隱含波動率過高。

記得之前老編有個朋友在XX證券公司上班，XX證券公司發行了某檔權證，結果那檔權證的標的股價一直漲，所以權證也跟著一直漲，到最後投資人根本不管權

證的標的股票是那一支，而且還打電話來說：「你們還有
沒其他的權證可以賣啊？」，所以大家要切記切記，股票
歷史波動率和隱含波動率相差不可以太多喔！

　　另外，權證也有時會有被低估的時候，當股票一直
在跌的時候，投資人常常會有點失去理智的開始賣，這雖
然好像是人的天性，不過做投資一定要冷靜喔！當標的股
票一直在跌的時候，權證還是會有時間價值的，所以別輕
易的亂把權證殺出喔！

　　另外，投資人還要注意，券商發行某檔權證絕對不
是因為看好標的股票。其實發行券商只是站在提供商品的
立場，創造市場的流動性，跟客戶接觸時給客戶不一樣的
選擇。但是有些投資人不知道，會以為權證既然是多頭的
產品，那代表券商看好股票，所以權證價格也會跟著漲而
買進權證。這都是不對的，用膝蓋想就知道那裏不對囉！
如果發行券商看好那一支股票就自己買就算了，幹嘛還發
權證告訴投資人呢？

LESSON 7

敗家女認購權證實戰案例

學通了，攏嘛賺

複習

股票新鮮人的「本益比」

基金新鮮人的「停利點」

加上

權證的秘笈「簡易投資原則」。

攏嘛賺

見好就收賺30,000元

膽大心細賺44,000元

LESSON *7-1*

敗家女認購權證
實戰案例2則

見好就收，膽大心細…攏嘛賺

　　在這裏老編要提供幾個例子給各位參考，希望敗家女們在看了這個例子之後，能更有一些想法，進而用在自己的生活上喔！

　　到底什麼時候買權證才會賺錢，妳的心中一定是有千百個疑問。老編不敢說怎麼樣才會賺錢，但下面有些「行為」是敗家女們一定要參考才有可能賺錢。

範例一　見好就收賺30,000元

Step 1　看好股市的時候才買權證…賓果！正確

　　首先，大家再仔細想想，權證到底是什麼樣的一個「東西」，這個時候，別急著把權證的定義給它朗誦一遍，先回想一下妳為什麼想買這個東西。沒錯，就是因為想要享受股票上漲的權利，既然這樣，大家就不可以

忘記，權證絕對是一個多頭的產品，也就是一定是看好股市的時候才會有賺錢，也才會想要買權證。

　　再來到底什麼時候要賣，那我們可以來參考參考敗家女的想法。

Step 2 景氣要復甦了

　　在今年初的時候，就在歷經了89年和90年的慘淡股市歲月之後，經濟似乎露出一線曙光。敗家女發現報紙上開始會寫一些經濟變好的前兆，如進出口數據變好，或者是工業產值提升等等這些經濟好的數據，不然就是那一家公司的營收再創新高，再加上電視上的分析師似乎每個人都看好91下半年，因此敗家女想，經濟好像開始要復甦了，也就是代表股票市場好像要變好了，因此敗家女急著想要介入股市，但因為敗家女不懂產業和公司，因此如果要買的話只好買那些耳熟能詳，也就是比較大的公司。

> 景氣復甦了，
> 可以投資……

Step 3 買大公司的權證…

但是問題依然出現，敗家女的錢不多，因此她想到要買權證。那個時候剛好某家券商發行了一檔微星的權證，履約價是105元(價外125%發行，即股價84元)，而權利金是19元。敗家女心想，微星是一家很大的公司，然後權證的槓桿效果又超過5倍，正好合他的心意，因此敗家女買了二張。

Step 4 股票漲46%了…權證也漲了78.9%

結果真的非常幸運的是，剛好股市反彈，而微星也漲到123元，權證的價格漲到34元。

這個時候敗家女面臨了到底要不要賣的抉擇，賣與不賣間真是左右為難。因為敗家女真的不懂產業到底有沒有前景，更不知道這個「主機板」的公司到底可以漲

到幾元。好吧！敗家女想起了之前看的敗家女系列，叫
「基金新鮮人」，裏面有提到一個很重要的觀念，就是停利
點，敗家女掐指一算，從19元到34元已經漲了快一倍
了，就報酬率來講，真的是很高了，於是敗家女笑了笑，
覺得很滿意，就把微星的權證賣掉了，一張賺15,000元，
二張共賺了30,000元，報酬率真是太高了，

Step 5　賺30,000，放在口袋，感覺真好…

敗家女實在是太強了，連自己都覺得很滿意。之後即使權證漲到了48元，敗家女不會覺得難過，因為權證有可能漲到48元，就有可能跌到10元，因此敗家女還是覺得口袋裏多了30,000元比較實在。

複習「基金新鮮人」裡的『停利點』，漲了78%，見好就收。

範例二 膽大心細賺44000元

Step 1 用功複習敗家女投資系列…

複習以前學的本益比、停利點、及權證簡易投資原則。

而看看茴香,茴香是敗家女很好的朋友,當初敗家女買了二張時,茴香也跟著買了二張,但是敗家女賣的時候,茴香並沒有賣,茴香回想起一些敗家女系列書上所寫的,想了一下,決定再等一下再賣。

茴香用了一些很簡單的觀念來判斷該不該賣掉:

1. 股票新鮮人裏面所提的「本益比」的觀念。

2. 基金新鮮人裏面所提的「停利點」的觀念。

3. 權證這本書所寫的「簡易投資原則」。

Step 2 分析判斷還有漲的的空間…

首先，茴香到網站上找到了一些新聞和分析報告，分析師們幾乎都估微星今年賺6到7.5元左右，而分析師給微星的本益比在17~20之間，也就是微星可能漲到112~150之間。

因此，當微星期漲到123元，也就是權證漲到34元時，茴香並沒有賣，因為茴香依據本益比來推測，微星至少會漲到139(取112~150的中間值)。

Step 3 漲到42元，多賺14,000元了…

果然，過了不久，微星漲到141元，樣證漲到41元，茴香心想，微星也漲到141了，距離大家所做的股價最高點就快到了，因此應該再漲的空間不大，而且就停利點的觀念來看，茴香已經賺超過一倍了，因此該是可以停利出場了。

而且這個時候權證內含價值有36元，因此多出來的5元的部份可說是大家為了買這個權利又另外多付給賣方

的，因此茴香心想還真是可以賣出了。

　　就這樣，茴香一張比敗家女多賺了7,000元，二張共多賺14,000元。

老編評論

　　即使權證後來都漲到48元，高於敗家女和茴香二個人賣的價錢，但這些都是「事後」才知道的。所以我們要替敗家女和茴香掌聲鼓勵的原因是，她們在做判斷的時候都是有根據的，而不是隨便買或者隨便賣，每一份錢都賺得很踏實。

　　最近，敗家女和茴香又買了權證，但是股市似乎不太好，因為就連美國好像對經濟復甦的力道都不確定，因此股市漲少跌多，不過就敗家女和茴香來說，他們也很開心因為買權證可以鎖定風險，而且距到期日都還超過半年，即使股價不太動，時間價值的減少還不會那麼快，因此決定繼續把權證留著，等到距到期日不到半年，或者是股市有大變動的時候，再來重新考慮到底是要買還是賣囉。

敗家女 SMRAT 叮嚀

股市不好時，如果履約時間還久，仍然可以鎖住風險……

memo

賺錢的Delta

在影響權證價值的因素裏，有幾個是非常重要的，而這些因素的變動所引起對權證價值的變動，用一些特別的名詞來稱呼：

1. Delta

Delta所代表的意思是：股價變動一點點對權證價值影響。舉例來說，如果delta是0.3，那簡單的說，就是股價如果上漲1塊錢時，權證的價格理論上會上漲.0.3元。同一檔權證，在每個股價時，權證的delta是不一樣的。而且股價愈高，權證的delta愈高。

假設現在有一檔權證，當履約價是60元時，如果股價現在是50元，則delta有可能是0.4，但是當股價上漲到55元時，則delta就會高於0.4，因為在這個時候股價已經愈來愈接近履約價，而且很有可能變成價內，因此權證在這個時候(股價等於55時)的delta較高，也就是在這個

始點上，股價的變化對權證的價格影響是愈大的。

2. Theta

　　這個名詞代表的是距離到期日的長短對權證價值的影響，這個就容易明白的多了。用專業的術語就是"權證的有效期間變動一點點的時候，權證價格的變化"，距離到期日愈長的權證，權證的價值就會愈高。用個簡單的例子就很好懂了。假設有二檔權證，除了到期日不一樣之外，其他條件都一模一樣，其中有一個權證距到期日還有一年，另外一個是半年，那當然是距到期日比較長的價值比較高。

3. Vega

　　這個指的是股票波動率變化一點點時對權證價格的影響。

　　Delta到底做什麼用呢？

　　當然用途很多囉，最重要是用來賺錢。

　　讓投資人賺錢，讓發行者避險囉。

　　說到這裏，大家是不是更有興趣呢？如果大家有興趣，就要快快把這本初級班的權證弄懂，這樣老編才好再繼續寫下去喔！！大家期待吧！！

附錄一

履約價格及行使比例
之調整

1. 標的證券發行公司有下列各款所定情事者，依各該款規定調整履約價格及行使比例：

符號說明：
S：除權日前一日標的證券收盤價　　　　S'：除權日標的證券參考價
m：現金增資認股率　　　　　　　　　　n：無償配股率
P：現金增資每股認購價　　　　　　　　B：現金股利。

一、盈餘轉增資、資本公積轉增資及現金增資時：

  1. 除權參考價計算公式如下：

    調整後履約價格 = 調整前履約價格 *(S'/S)

    調整後行使比例 = 調整前行使比例 *(S/S')

  (2) 除息時之調整公式：

   調整後履約價格 = 調整前履約價格*(S-B)/S

   調整後行使比例不變。

  (3) 減資或股票合併之調整公式：

    1. 減資或股票合併後，其參考股價計算公式如下：其中，a代表減資或股票合併中，每a股舊股換一股新股。

    2. 行使比例為： 調整後行使比例=調整前之行使比例/a。

二、依上規定計算之新履約價格及新行使比例，均以百分位為最小單位，並以千分位四捨五入計算。

三、前述事項發生時，發行人將依交易所規定辦理公告。

附錄二

證券商評量一覽表

	證券商 (Securities Firms)	信用評等等級		債信能力	展望	公佈日期
		長期	短期			
1	中信證券	twBB+	twB	稍弱	正向	2002/5/30
2	建弘證券	twBBB	twA-3	適當	穩定	2002/5/30
3	大華證券	twA-	twA-2	強	穩定	2002/5/21
4	菁英證券	twA-	twA-2	強	穩定	2002/5/21
5	大展證券	twBB-	twB	稍弱	穩定	2002/5/17
6	寶來證券	twBBB-	twA-3	適當	穩定	2002/4/24
7	康和證券	twBB	twB	稍弱	穩定	2002/4/24
8	新寶證券	Withdraw		------	----	2002/4/8
9	統一證券	twBBB	twA-3	適當	穩定	2002/3/8
10	富邦證券	twBBB+	twA-2	適當	穩定	2002/1/10
11	國際證券	twBB-	twB	稍弱	穩定	2001/12/17
12	金華信銀證券	twBB	twB	稍弱	正向	2001/11/14
13	復華證券	twBB-	twB	稍弱	穩定	2001/10/12
14	日盛證券	twBBB	twA-3	適當	穩定	2001/10/2
15	元富證券	twBBB	twA-3	適當	穩定	2001/9/19
16	元大京華證券	twBBB+	twA-2	適當	穩定	2001/9/19
17	太平洋證券	twBB-	twB	稍弱	穩定	2001/9/4
18	倍利證券	twBB	twB	稍弱	穩定	2001/8/31
19	群益證券	twBBB	twA-3	適當	穩定	2001/8/27
20	永昌證券	twBB	twB	稍弱	穩定	2001/8/22
21	台証證券	twBB+	twB	稍弱	穩定	2001/6/6
22	金鼎證券	twBB	twB	稍弱	穩定	2001/3/20

資料來源：中華信用評等公司 http://www.taiwanratings.com/tw/
資料生效日期：2002/05/30

附錄三

權證致富智商

專有名詞索引

p 14　認購權證

一種權利契約，當持有者支付權利金之後，有權利於契約期間內，以約定價格(履約價格)，買進約定數量（行使比例）的標的股票。權證是證期會在86年開放的商品，不過證期會目前只開放認購權證，並沒有開放認售權證。

p 19　標的證券

這個當然就是代表這張權證履約時所代表的股票囉。

p 19　權利金　(Preimium)

或可稱為是「權證價格」，也就是購買這個權利的價格。

p 19　履約價格 (Strike or Exercise Price)

即事先約定買進標的股價的價格。

p 19　履約

履約的意義就是投資人將手上的認購權證拿去要求證券商用履約價將標的證券賣給投資人。

p 19　行使比例

即一張認購權證可以買進標的股票的張數。大部份認購權證的行使比例之一，也就是如果你買了一張認購權證，則您可以買進的股票張數就是一張。.

p 19　權例金比例

或可以稱為是溢價比例，也就是用百分比的形式來表示權利金，即

$$\frac{權證價格 \div 行使比例}{標的股票市價}$$

p 24　到期日

到期日就是這個權證可以履約的最後一天。也就是這個權利可以生效的最後一天。

p 24　最後交易日

權證到期的前二個營業日。

p 32　歐式權證及美式權證(European vs. American)

歐式的權證代表說權證只能在到期日時履約，也就是只有在到期日那一天才可以向發行券商要求行使將權證換成股票的權利，或者是發行券商用現金結算的方式給付差價)這個差價就是股票的結算價扣除履約價的部份)。至於美式剛好相反，美式可以在任何一個營業日向發行券商行使履約的權利。

p 33　價內)In-the-money)

當我們說一個認購權證是價內，代表股價大於履約價。

p 34　價平(At-the-money)

當我們說一個認購權證是價平，代表股價等於履約價。

p 35　價外(Out-the-money)

當我們說一個認購權證是價外，代表股價小於履約價。

p 33　內含價值(intrinsic value)

權證「馬上」拿去履約時可得到的價值，所謂馬上可以得到的意思是「用履約價跟發行券商買進股票，然後在市場上馬上將股票賣掉」。因此當權證是價內時，內含價值就大於0，當權證為價平或價外時，則內含價值就是零了。

p 34　時間價值(time value)

時間價值是權證的價值減去內含價值。這樣講好像有點抽像，舉個例子：在還沒到權證到期日的時候，假設現在馬上履約一股可得到5元(就像剛才講的馬上履約拿到股票，然後又馬上賣掉)，可是因為到期日還沒有到啊，所以股價還有上漲的機會，就是因為投資人認為股價還有上漲的空間，因此投資人願意在市場上出的價格比想賣的人拿去履約還要高。

p 39　存續期間

存續期間指的是這個權證的契約有多長，愈長的權證的價值愈高，因為時間愈長，則權證變成價內的機率愈高，這個也就是時間的價值。

p 42　股價的歷史波動性(Historical Volatility)

所謂的波動性就是股價的變化，而歷史波動性就是股價在過去的波動狀況。

p 42　隱含波動性（Implied Volatility）

隱含波動性就是利用目前權證在市場上交易的市價，來反推波動性。

p 51　風險預告書

權證是有點複雜的商品，所以證期會為了保護投資人，確定投資人了解買賣權證的風險，會需要投資人先簽「風險預告書」。

p 64　基本型

也就是個股型權證，所謂的個股型就是權證所代表的股票只有一種。

p 66　變型

一張權證所代表的不是單純的某一張股票，而是有可能二張以上的股票，這個就是所謂的組合型權證；或者是其他奇怪的權證都是。

p 81　溢價比例

用百分比形式來表示權利金，即

$$\frac{權證價格 \div 行使比例}{標的股票市價}$$

p 89　平價發行

代表發行日那一天的股價和履約價格一樣

p 89　價外×××%發行

如果是價外125%發行，那代表如果股價是50元，則履約價就是50×1.25=62.5元。

附錄四

計算理論價格的BS模型

Black-Scholes option pricing model

　　股價波動率是我們判斷權證價格一個很重要的指標之一。

　　這裏先來小小複習一下LESSON 5-3所提到的「BS模型」，如果我們把一些參數(像股價、履約價格、距到期時間和波動率等等的東西)代進去之後，可以求得這個權證的「理論價格」。一樣的，如果這個市場上有權證的交易價格，我們也可以反推出波動率是多少，而這個反推出來的波動率就是「隱含波動率」。

　　權證(Warrant)的價格可以用下面的方程式來表式：

$W = S \times N(d1) - E \times exp(-r \times T) \times N(d2)$

$d1 = (ln(S/E) + (r + sigma^2)/T)/sigma \times (T^{0.5})$

$d2 = d1 - sigma \times (T^{0.5})$

其中

S：標的股價。

E：履約價格。

sigma：股價報酬波動率。

T：距到期日時間

r：無風險利率。

N(d1)或N(d2)：累積常態分配。

ln：為自然對數。

exp：為指數。

＾：代表次方的意思，所以T＾0.5是把T開根號，可是sigma＾2是sigma的平方。

BS模型有點難喔！所以放在附錄，大家見過面就好了！

國家圖書館出版品預行編目資料

完全敗家女－權證新鮮人(股票升級班) / 鄭金名著.
-初版-臺北市
出版者：恆兆文化， 2002[民91]
面：14.8×21.0公分----(敗家女系列；7)
ISBN 957-30388-9-7 (平裝) NT$:220
1. 證券 2.投資

版權頁

完全敗家女－權證新鮮人(股票升級班)

系列名稱	敗家女系列007
作　　者	鄭金名
責任編輯	鄭芳雨　張人鳳
美術編輯	吳怡玢　even@iw.com.tw

發 行 人	張正
出 版 社	恆兆文化有限公司
網　　址	http://www.book2000.com.tw
地　　址	台北市內湖區成功路二段512號10樓
電　　話	02-87911899
傳　　真	02-87920866
劃撥帳號	19329140
戶　　名	恆兆文化有限公司
總 經 銷	農學社股份有限公司
電　　話	02.29178022
定　　價	新台幣$220元
特　　價	新台幣$149元
出版日期	2002年6月初版一刷

U0035202